1つのモチーフから
楽しみが広がる
刺しゅうの本

池田書店

はじめに

針と糸、布があれば楽しめる刺しゅうは、気軽に始められ、自分なりのアレンジを加えやすい手芸のひとつです。ハンカチや布製のバッグやポーチなど、毎日使うものにお気に入りの刺しゅうをひとつ刺すだけで幸せな気分になれます。

なんでもないものでも刺しゅうがあるだけで、キラキラと輝いて見えます。好きな図案を、好きな色の糸で、好きなステッチで、刺したいところに刺して楽しみましょう。

同じモチーフでも色や糸を変えれば違ったイメージになります。ステッチを変えればなおさらです。刺しゅう糸は色がたくさんあるので、色違いも手軽に楽しめます。ちょっと違うだけでも、違う雰囲気になるのです。
そんな例を、Part 1のりんご20、ハート20、花20で紹介しています。
そのほかにも、形やデザインをアレンジしたもの、テーマに沿ったものなど、素敵な図案をたくさん紹介しています。お気に入りが必ず見つかると思います。
Part 2では、その図案をハンカチやバッグに刺したり、ブックカバーやブローチに仕立てるなどの活用法も紹介しています。アレンジの参考にしてください。
Part 3では、刺しゅうの基本とこの本で使用したステッチの刺し方を説明しています。初めての方は、このページを参考にステッチをマスターしてください。

お気に入りの図案をひとつ刺してみてください。そして、刺しゅうの魅力を実感してください。

Contents

はじめに——2 図案の見方——6

Part 1 | 楽しみが広がる かわいいモチーフ

りんご20 P.8
ハート20 P.10
花20 P.12
シンプルな4つの花アレンジ P.14
花の成長 P.16
花いろいろ P.18
ベリーいろいろ P.20
木の季節 P.22
きのこ P.24
バラ P.26
花のリース P.28
ぞう、あひる、とりの楽しい一日 P.30~31
しろくまとペンギン P.34
とり P.36
羊の数字 P.38
犬 P.40

猫
P.42

街並み
P.44

列車
P.46

空飛ぶ乗り物
P.48

マリン
P.50

スポーツアイテム
P.52

ファッション小物
P.54

キッチン
P.56

カップ
P.58

スイーツ
P.60

ボトルいろいろ
P.62

インテリアアイテム
P.64

和模様
P.66

王冠＆鍵
P.68

雪の結晶
P.70

花唐草
P.72

小花のライン
P.74

アルファベットと
リーフフレーム
P.76～77

クロスステッチの
アルファベット＆虫
P.80

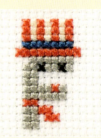
クロスステッチの
アルファベット顔文字
P.82

クロスステッチの
うさぎ、かえる、りす P.84

クロスステッチの
ガール＆ボーイ P.86~87

ブラックワーク
ラインで楽しむ P.90

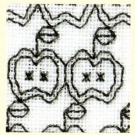
ブラックワーク
面で楽しむ P.92

Part 2 | アレンジアイデア かわいいステッチ作品

パネル＆刺しゅう枠
P.94-95

ミニ額
P.96

ハンカチ
P.97

エコバッグ＆ポーチ
P.98

ベビー肌着
P.99

Tシャツ
P.99

エプロン
P.100

コースター
P.101

ランチョンマット
P.101

リネンテープで
ブックカバー P.102

リネンテープで
ニードルブック P.102

ブローチ
P.103

Part 3 | 刺しゅうの基本＆ステッチ

刺しゅうの基本 — P.104
アウトラインステッチ — P.108
アウトラインフィリングステッチ — P.109
バックステッチ — P.109
ランニングステッチ — P.110
ウィップドランニングステッチ — P.110
ストレートステッチ — P.111
フィールステッチ — P.111
チェーンステッチ — P.112
チェーンフィリングステッチ — P.113

ウィップドチェーンステッチ — P.113
ブランケットステッチ — P.114
ボタンホールステッチ — P.115
フレンチノットステッチ — P.116
フレンチノットフィリングステッチ — P.116
ジャーマンノットステッチ — P.116
レイジーデイジーステッチ — P.117
ダブルレイジーデイジーステッチ — P.117
バリオンステッチ — P.118
コーチングステッチ — P.119

フライステッチ — P.120
フェザーステッチ — P.120
ヘリングボーンステッチ — P.121
クローズドヘリングボーンステッチ — P.121
サテンステッチ — P.122
スパイダーウェブローズステッチ — P.122
ロング＆ショートステッチ — P.123
クロスステッチ — P.124
ホルベインステッチ — P.126
ビーズ、スパングルのとめ方 — P.127

❖ 図案の見方

Part1で紹介している刺しゅうの図案ページの上に
＊DMC25番刺しゅう糸2本どり
または
＊指定以外は、DMC25番刺しゅう糸2本どり
などと表記しています。これを参考に下記のように刺してください。

モチーフの図案

・掲載しているモチーフの図案は、できあがりサイズの原寸大です。
・ステッチ名、糸の名前（DMC25番刺しゅう糸以外の場合は表記）、【糸の色番号】、糸の本数、巻き数の順に紹介しています。
・ステッチ名：「ステッチ」を省略してアウトラインなどと表記しています。
・糸の本数：基本的に2本どりですが、指定のあるものは、①（1本どりのこと）、③（3本どりのこと）など、丸囲み数字で記載しています。
・巻き数：フレンチノットステッチ、バリオンステッチは巻き数を記載しています。
・同じステッチ、糸の色のものについては記載を省略しているところもあります（花びらや葉など）。
・面を埋める部分（サテンステッチ、ロング＆ショートステッチ、フレンチノットフィリング、アウトラインフィリング、チェーンフィリング）は、色を塗っています（ただし、例外もあります）。
・作品写真を参考にしながら、刺してください。

図案例

ストレート【550】→ストレートステッチで、DMC25番刺しゅう糸550番色の糸、2本どり

フレンチノット【3809】③/2回巻→フレンチノットステッチで、DMC25番刺しゅう糸3809番色の糸、3本どりで、2回巻く

バック【550】→バックステッチで、DMC25番刺しゅう糸550番色の糸、2本どり

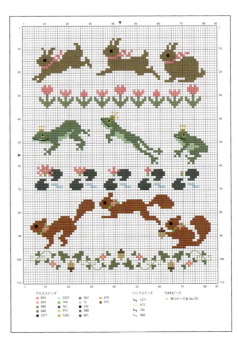

クロスステッチの図案
クロスステッチは1マスが「×」で1目になります。欄外にある数字が糸の色番号です。バックステッチ、ホルベインステッチ、ストレートステッチを使う図案の場合は、記載しています。

Part 1 楽しみが広がる かわいいモチーフ

花や動物をはじめとした、かわいくて使いやすいモチーフです。
アレンジのアイデアがちりばめられていますので、参考にしてください。

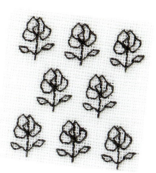

りんご20

基本のりんごの図案を、刺しゅう糸の色や本数を変えたり、ステッチの種類を変えたり、
図案を変形させたり、新しい図案を加えたり、ビーズを組み合わせたりした20のデザインを紹介します。

デザイン・制作／浅野美樹　布／中厚麻布（オフホワイト）

＊指定以外はDMC25番刺しゅう糸2本どり　図案

ハート20

基本のハートの図案を、刺しゅう糸の色や本数を変えたり、ステッチの種類を変えたり、図案を変形させたり、新しい図案を加えたりした20のデザインを紹介します。

デザイン・制作／浅野美樹　布／中厚麻布（オフホワイト）

＊指定以外はDMC25番刺しゅう糸2本どり　図案

花20

基本の花の図案を、刺しゅう糸の色や本数、種類を変えたり、ステッチの種類を変えたり、ビーズを組み合わせたり、葉やちょうちょの図案を加えたりした20のデザインを紹介します。

デザイン・制作／谷口公英　布／中厚麻布（オフホワイト）

＊指定以外はDMC25番刺しゅう糸2本どり

図案

シンプルな4つの花アレンジ

シンプルな4つの花の図案を、刺しゅう糸の色を変え、部分的にステッチを変えた、それぞれ4つずつのアレンジを紹介します。

デザイン・制作／谷口公英　布／中厚麻布（オフホワイト）

*指定以外はDMC25番刺しゅう糸2本どり 図案

花の成長

日々、育っていく花の変化をチェーンステッチ、バックステッチ、ストレートステッチ、フレンチノットの4種類のステッチで。下の図案は成長する4つの花を組み合わせたデザインです。
デザイン・制作／山﨑知子　布／中厚麻布（砂色）

＊DMC25番刺しゅう糸2本どり 図案

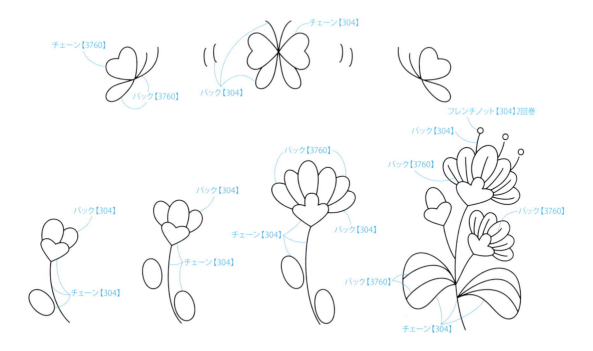

花いろいろ

バラ、ワスレナグサ、タンポポ、シロツメクサ、ラベンダー、ビオラ、アジサイ、ミモザ、スズラン、チューリップ、オリーブ、アイビー、ゼラニウムの13種類の花のデザイン。

デザイン・制作／佐藤恵子　布／中厚麻布（オフホワイト）

*指定以外はDMC25番刺しゅう糸2本どり　図案

ベリーいろいろ

きれいな色と、ころんとした形がかわいいベリー。実の部分は、サテンステッチ、ロング＆ショートステッチの他に、フレンチノットフィリングやビーズで刺し埋めたり、輪郭だけをアウトラインステッチで刺したりしています。

デザイン・制作／山﨑知子　布／中厚麻布（オフホワイト）

木の季節

1本の木の、早春、春、夏、秋、冬、季節の移り変わりを、小さな動物と組み合わせて。
1本ずつを、季節ごとのブローチにアレンジしても楽しめます。

デザイン・制作／佐藤恵子　布／中厚麻布（クリーム）

＊指定以外はDMC25番刺しゅう糸2本どり 図案

きのこ

カラフルなきのこと愛嬌のあるもぐらを組み合わせた楽しい図案。
バリオンステッチは専用の針を使うと、きれいに刺せます。

デザイン・制作／北山英子　布／中厚麻布（砂色）

＊指定以外はDMC25番刺しゅう糸2本どり　図案

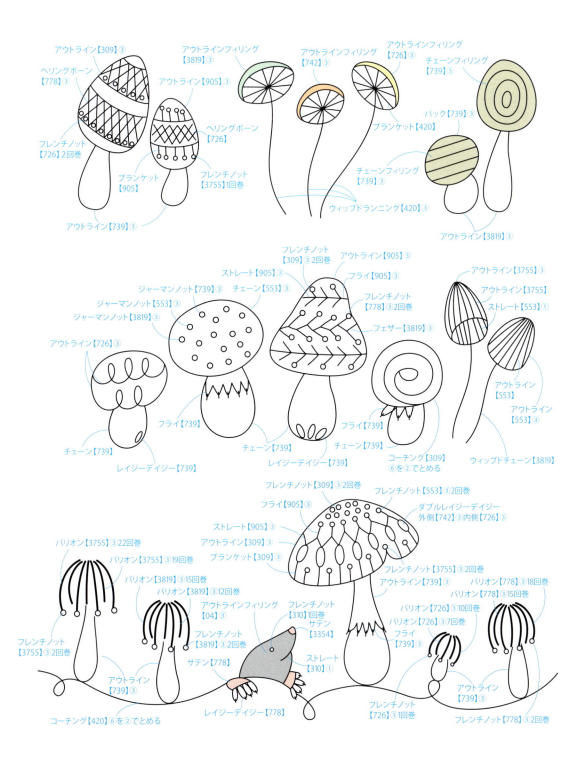

バラ

バラの図案をいろいろなステッチで紹介します。雰囲気の違うバラを楽しんでください。

デザイン／くまだまり（d、e）制作／石﨑祥江（d、e）
デザイン・制作／西村眞理（a）・石﨑祥江（b）・金森あや子（c）・川端和詠（f）
布／中厚麻布（オフホワイト）

＊指定以外はDMC25番刺しゅう糸2本どり 　図案

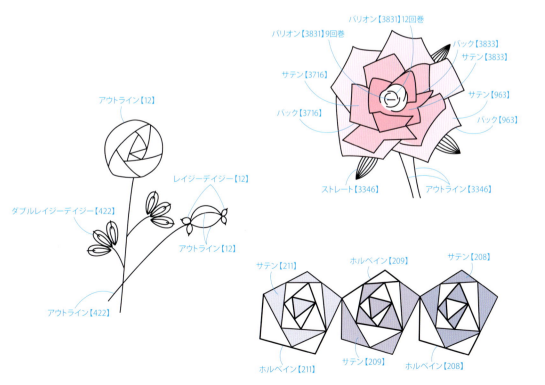

花のリース

大小9つの花のリースの図案。
ハンカチのワンポイントやブローチ、ペンダントヘッド、くるみボタンなどにアレンジして楽しんでください。

デザイン・制作／谷口公英　布／中厚麻布（クリーム）

＊指定以外はDMC25番刺しゅう糸2本どり 図案

ぞう、あひる、とりの楽しい一日

かわいい絵本のような図案は、ベビーやキッズに最適です。
線を刺す刺しゅうは、はじめてでも挑戦しやすいですね。

デザイン・制作／山﨑知子　布／中厚麻布（オフホワイト）

図案 ＊指定以外はDMC25番刺しゅう糸2本どり

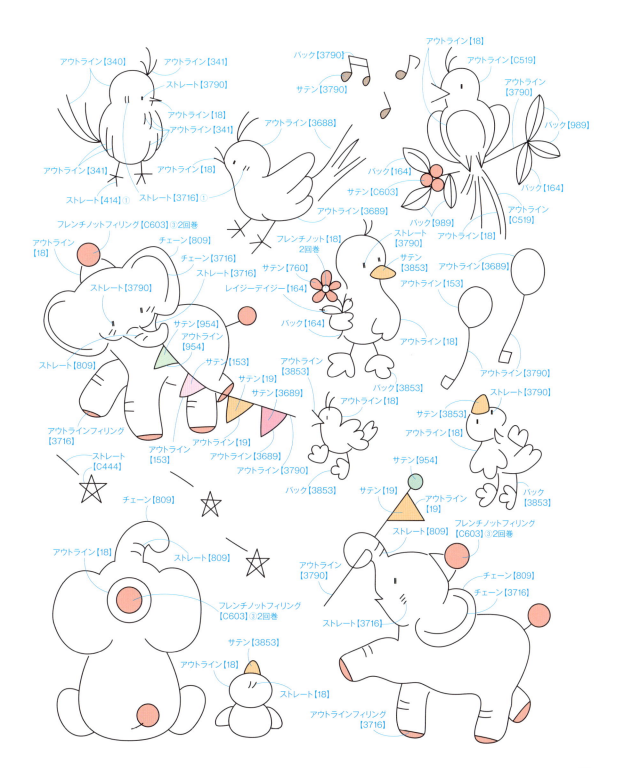

しろくまとペンギン

飄々としたしろくまとペンギンのコンビの楽しい図案。布地のオフホワイトをいかし、しろくまは黒のバックステッチで。
カラーの布地に刺したい場合は、左上の図案を参考にアウトラインフィリングで刺してみてください。

デザイン・制作／浅野信子　布／中厚麻布（オフホワイト）

＊指定以外はDMC25番刺しゅう糸2本どり　図案

とり

シンプルながらもインパクトのある、くじゃく、フラミンゴ、にわとり&ひよこ、あひる、かもの6種類のとりたち。
くじゃくはスパンコールでより華やかに。

デザイン・制作／川端和詠　布／中厚麻布（オフホワイト）

＊指定以外はDMC25番刺しゅう糸2本どり 図案

羊の数字

眠れない時に数える羊のような図案。ふわふわの羊の毛は、細めのウールの刺しゅう糸をフレンチノットで刺し埋めます。
羊と数字の組み合わせは自由にアレンジしてみてください。

デザイン・制作／鯉渕直子　布／中厚麻布（オフホワイト）

犬

フレンチブルドッグにおしゃれドッグ、ミニチュアシュナウザー、ダルメシアン、豆柴、ダックスフンドの6種類の犬を紹介。

デザイン／くまだまり（c、d、e）　制作／石﨑祥江（c、d、e）
デザイン・制作／石﨑祥江（a）・北山英子（b）・郷野裕子（f）
布／中厚麻布（オフホワイト）

猫

キュートな猫たちの、楽しい仕草を6つの図案に。
デザイン／くまだまり（b、f）制作／石﨑祥江（b、f）
デザイン・制作／北山英子（a）・石﨑祥江（c）・杉原恵子（d、e）
布／中厚麻布（オフホワイト）

a

b

c

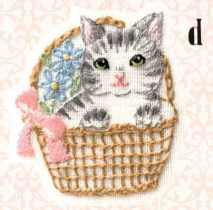

d

e

f

街並み

雰囲気の違う4つの街並みを1枚に。
タワー、観覧車、モスク、教会などはワンポイントで刺しても印象的になります。
デザイン・制作／佐藤恵子　布／中厚麻布（オフホワイト）

列車

機関車、電車、新幹線、貨物列車の4種類。
男の子用の刺しゅう図案として、お稽古バッグやお弁当箱用の巾着袋、ブックカバーに刺しては。

デザイン・制作／浅野美樹　布　中厚麻布（砂色）

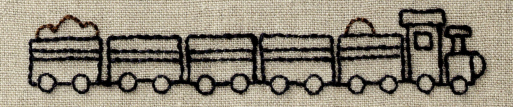

＊指定以外はDMC25番刺しゅう糸2本どり

図案

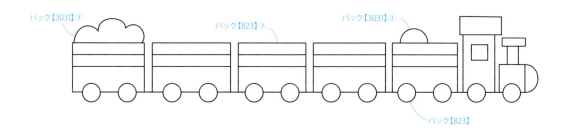

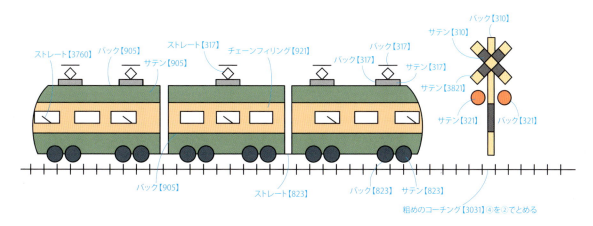

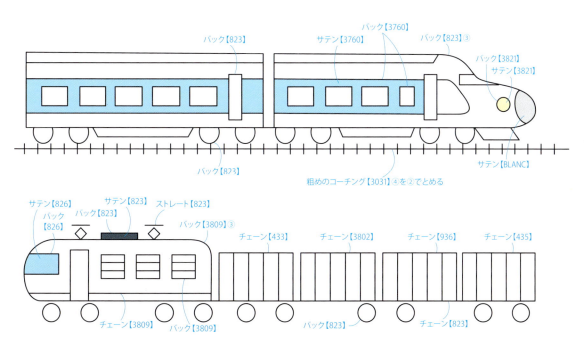

47

空飛ぶ乗り物

気球、ヘリコプター、プロペラ機、飛行船、ロケット、飛行機の6種類の空飛ぶ乗り物と風船、雲の図案。
ワンポイント図案としてアレンジして楽しみましょう。

デザイン・制作／浅野美樹　布／中厚麻布（オフホワイト）

＊指定以外はDMC25番刺しゅう糸2本どり

図案

マリン

夏になると刺したくなるマリンモチーフ。
トリコロールカラーで、シャープな印象のステッチで刺します。
デザイン・制作／金森あや子　布／中厚麻布（オフホワイト）

*指定以外はDMC25番刺しゅう糸2本どり 図案

スポーツアイテム

バレーボール、バスケットボール、ラグビー、サッカー、バドミントン、ラクロス、
卓球、テニス、柔道、剣道、チアリーディング、あなたの部活はここにありましたか？

デザイン・制作／浅野美樹　布／中厚麻布（オフホワイト）

ファッション小物

夏、旅、冬のファッション小物の刺しゅう。
トラベル用のポーチのワンポイントとして刺し、旅支度を始めましょう。
デザイン・制作／鯉渕直子　布／中厚麻布（オフホワイト）

＊指定以外はDMC25番刺しゅう糸2本どり　図案

キッチン

赤、黒、白の3色でまとめたキッチンアイテム。
同じアイテムは、ちょっと違うイメージになるようにステッチや糸、ビーズを変えました。

デザイン・制作／浅野信子　布／中厚麻布（オフホワイト）

＊指定以外はDMC25番刺しゅう糸2本どり 図案

カップ

カラフルなカップでリラックスしたコーヒータイム。
湯気はシルバーのラメ糸とビーズで。
デザイン・制作／浅野信子　布／中厚麻布（オフホワイト）

スイーツ

カップケーキ、リーフパイ、ドーナツ、プレッツェル、クッキー、マカロン、タルト、マドレーヌ、
ポップでかわいい、おいしいスイーツを刺しゅう糸とビーズで。

デザイン・制作／浅野信子　布／中厚麻布（クリーム）

＊指定以外はDMC25番刺しゅう糸2本どり　図案

ボトルいろいろ

同じ形ならサイズ違いや色違い、同じステッチならフォルム違いで、変化をつけます。
入れるものを変えるとボトルの役目も変わります。
デザイン・制作／浅野信子　布／中厚麻布（オフホワイト）

インテリアアイテム

シンプルなインテリアアイテムの輪郭を、バックステッチで刺しました。
椅子の色は粗いアウトラインステッチで刺します。

デザイン／くまだまり　制作／郷野裕子　布／中厚麻布（クリーム）

＊指定以外はDMC25番刺しゅう糸2本どり　図案

和模様

富士山、奴だこ、だるまをはじめとした、日本を代表する模様を集めました。
好みの図案を選んでミニ額に入れたり、ハンカチに刺しゅうをしてプレゼントにしたりしても。
デザイン／くまだまり　制作／石﨑祥江　布／中厚麻布（オフホワイト）

＊指定以外はDMC25番刺しゅう糸2本どり　図案

王冠 & 鍵

6種類の王冠と5種類の鍵のモチーフを、キラキラが魅力のラメ糸やビーズ、スパングルを使って刺します。
ブローチなどのアクセサリーにアレンジして楽しみましょう。

デザイン・制作／駒澤美加　布／中厚麻布（オフホワイト）

＊指定以外はDMC25番刺しゅう糸2本どり　図案

雪の結晶

ブルーと白の刺しゅう糸とゴールドのビーズとスパングルで作る、大小さまざまな雪の結晶。
立体感のあるフィールステッチやサテンステッチと太さの違うラインステッチを効果的に使った図案の組み合わせ。
デザイン・制作／川端和詠　布／中厚麻布（オフホワイト）

＊指定以外はDMC25番刺しゅう糸2本どり　図案

花唐草

連続する草花模様が作りだす飾り線。
模様をくり返して長い線を刺しても、一部分をワンポイント模様として使っても素敵です。

デザイン・制作／谷口公英　布／中厚麻布（オフホワイト）

＊指定以外はDMC25番刺しゅう糸2本どり 図案

小花のライン

ピンク、ブルーがかわいい、レイジーデイジーステッチとフレンチノットステッチ、
ビーズで作る小花やバリオンローズステッチを組み合わせたシンプルな小花模様をくり返して作る飾り線。
デザイン・制作／杉原恵子　布／中厚麻布（オフホワイト）

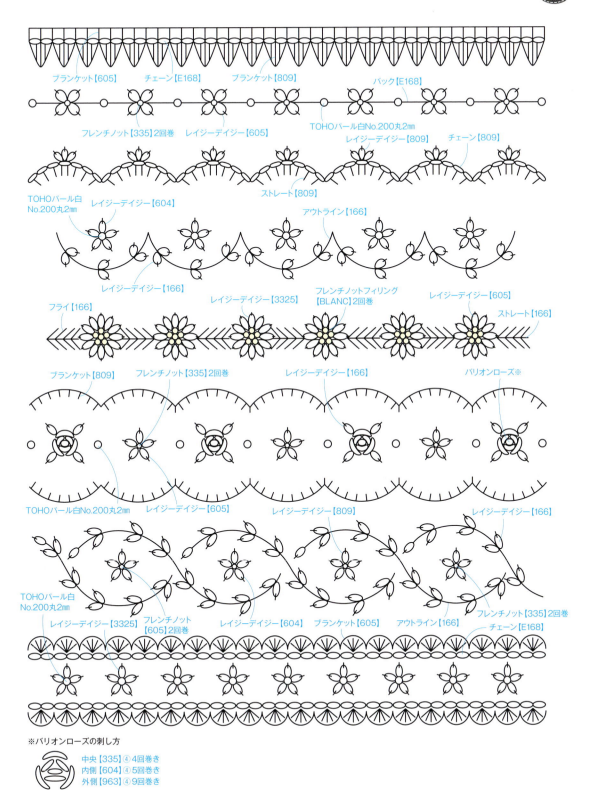

アルファベットとリーフフレーム

レイジーデイジーステッチのリーフ模様のフレームに囲まれたサテンステッチのアルファベットと数字。
ポイントにはバリオンローズステッチを。文字とフレームは自由に組み合わせてアレンジしてみてください。

デザイン・制作／杉原恵子　布／中厚麻布（オフホワイト）

図案　＊指定以外はDMC25番刺しゅう糸2本どり

クロスステッチのアルファベット＆虫

クロスステッチのアルファベットにとまった、てんとう虫、バッタ、はち、ちょうちょと小花がポイント。
デザイン・制作／大西みちこ　布／クロスステッチ用布（オフホワイト）／14カウント（55目）

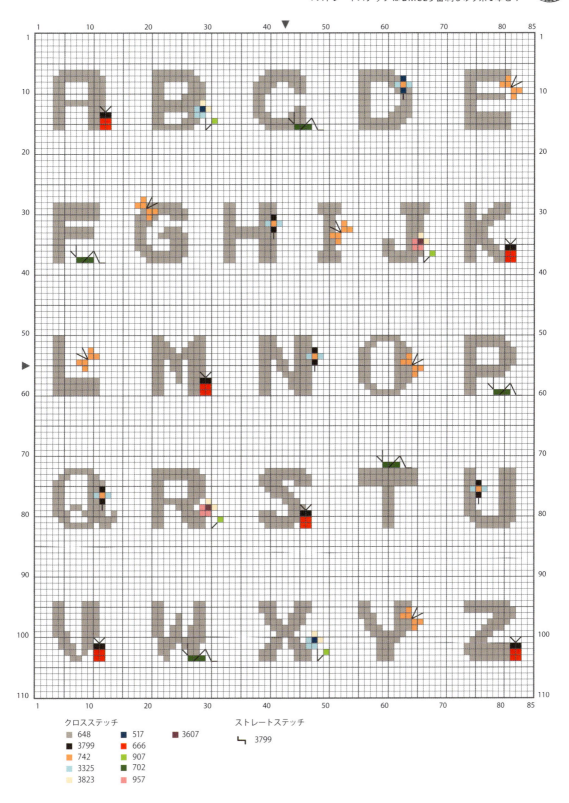

クロスステッチのアルファベット顔文字

クロスステッチのアルファベットといろいろな顔を組み合わせた、ユニークな顔文字。
イニシャルとして、ワンポイント模様として楽しんでください。

デザイン・制作／大西みちこ　布／クロスステッチ用布（オフホワイト）／14カウント（55目）

クロスステッチのうさぎ、かえる、りす

ぴょんぴょんと跳ねる姿がかわいい、クロスステッチのうさぎ、かえるの王子様、りすと
チューリップ、蓮の花、どんぐりの組み合わせ。

デザイン・制作／杉原恵子　布／平織麻布（オフホワイト）／28カウント（110目）

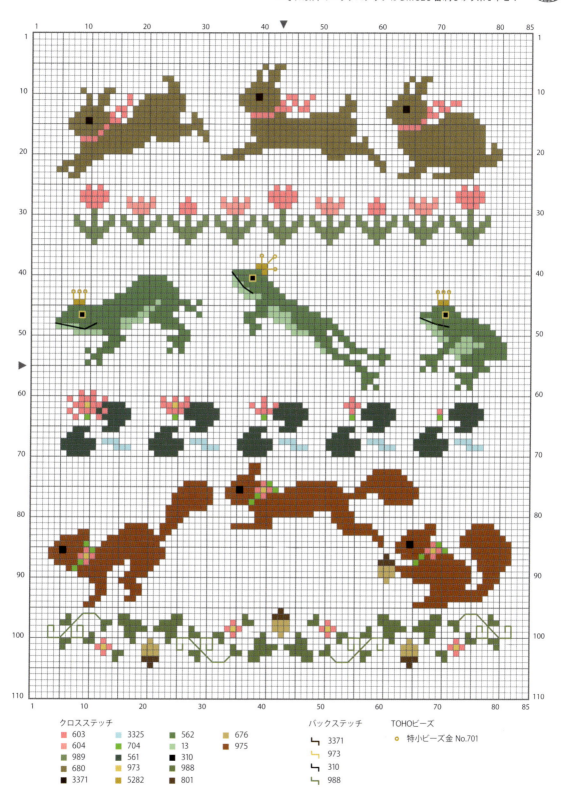

クロスステッチのガール&ボーイ

6人のおしゃれな女の子と男の子が輪になった、楽しいクロスステッチの図案。
好みの髪型と服を組み合わせてみると、新しい発見があるかもしれません。

デザイン・制作／鯉渕直子　布／クロスステッチ用布(オフホワイト)／14カウント(55目)

図案 　＊クロスステッチはDMC25番刺しゅう糸2本どり

クロスステッチ
■ 816

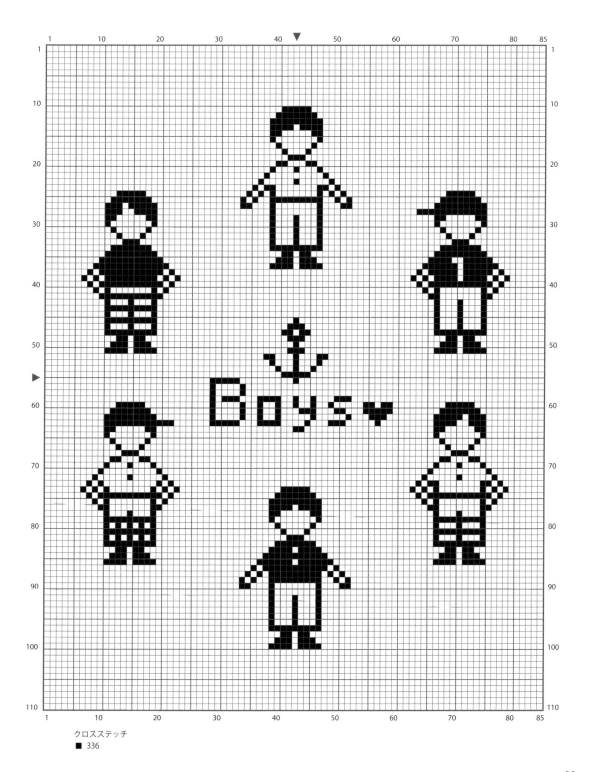

クロスステッチ
■ 336

ブラックワーク ラインで楽しむ

黒の刺しゅう糸1本どりで、ホルベインステッチの要領で刺すブラックワーク。
麻布の布目を数えながら刺します。ネズミとチーズ、白鳥と水草、犬とうんこ、とらと肉、
ハロウィンのかぼちゃ、コウモリ、サンタとトナカイ、天使のキュートな図案。
デザイン・制作／大西みちこ　布／平織麻布（オフホワイト）／28カウント（110目）

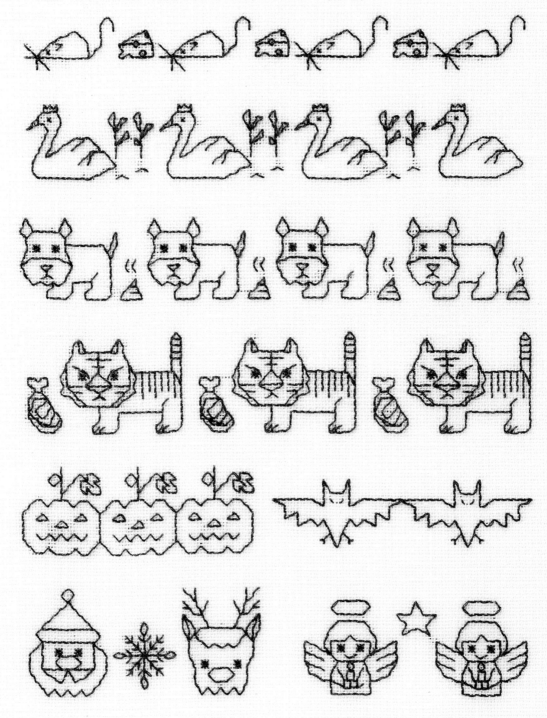

＊DMC25番刺しゅう糸1本どり　図案

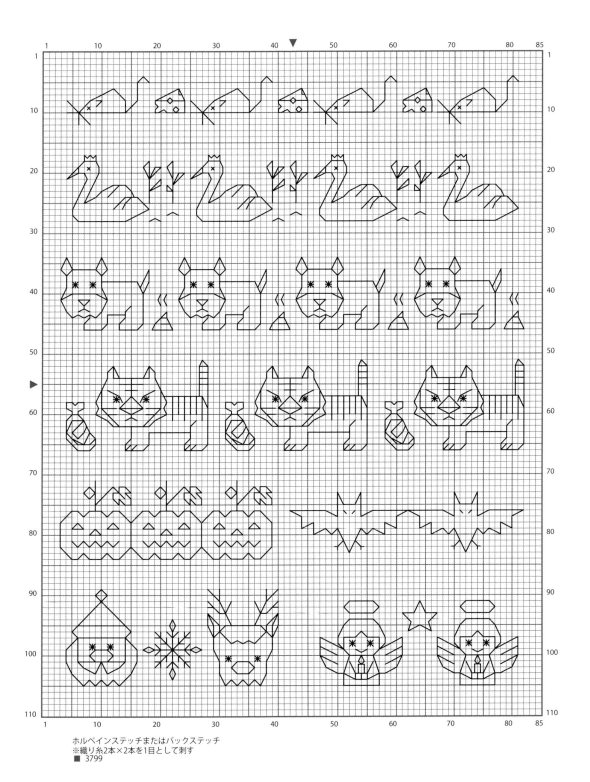

ホルベインステッチまたはバックステッチ
※織り糸2本×2本を1目として刺す
■ 3799

ブラックワーク 面で楽しむ

フルーツ、虫、花の図案を繰り返して面にした、キュートなブラックワーク。
りんご、バナナ、さくらんぼ、かたつむり、ちょうちょ、てんとう虫、パンジー、朝顔、バラの9種類。

デザイン・制作／大西みちこ　布／平織麻布（オフホワイト）／28カウント（110目）

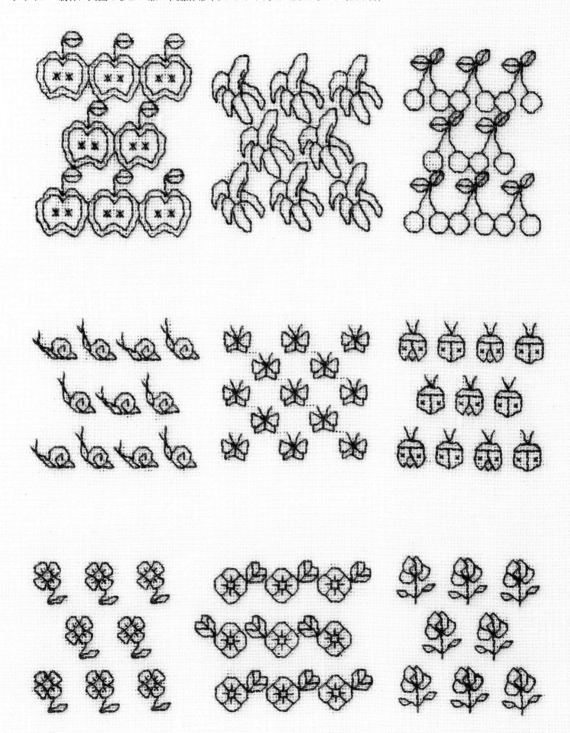

＊DMC25番刺しゅう糸1本どり 図案

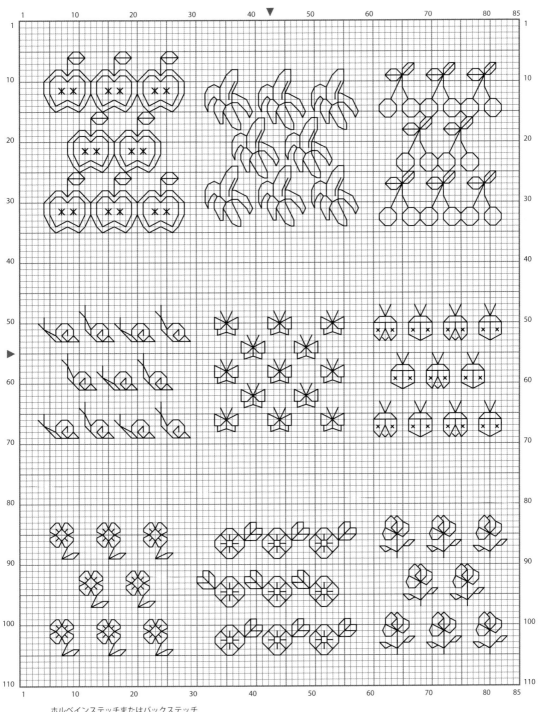

ホルベインステッチまたはバックステッチ
※織り糸2本×2本を1目として刺す
■ 3799

Part 2 アレンジアイデア
かわいいステッチ作品

Part1のモチーフはそのまま飾ってもよいですが、お気に入りの1つを選んで、色やステッチを変えて刺してみるといろいろな楽しみ方が広がります。

パネル＆刺しゅう枠
1ページ分の図案をそのまま飾って、ほっこりできるインテリアに。

[図案] りんご：9ページ、しろくまとペンギン：35ページ、
街並み：45ページ、ガール：88ページ

ミニ額

季節や場所に合わせて、お気に入りの図案を額に入れて飾ります。

[図案] 招き猫、鯉のぼり：67ページ

[図案]
桜のリース:29ページ
丸小ビーズをキラキラする
スリーカットビーズ[CR777]に変更。

アルファベット:78ページ
糸の色を[503]→[3348]、
[3325]→[3326]、[3688]→[3832]、
[3689]→[3826]に変更。

ハンカチ

イニシャルや季節のモチーフを刺してプレゼントにしても喜ばれます。
ハンカチの色に合わせて糸の色のアレンジを楽しみましょう。

[図案]鯛:67ページ
左右対称になるように図案を反転。
糸の色を[349]→[BLANC]に変更。

エコバッグ＆ポーチ

シンプルなエコバッグやポーチも、ワンポイント刺しゅうで
イメージチェンジ。

[図案]

気球：49ページ
糸の色を［777］→［3834］、
［921］→［823］、［3821］→［336］、
［807］→［777］（水玉）に変更。

くじゃく：37ページ
右上のくじゃくの色のブルー系とグ
リーン系を入れ替えて。

ベビー肌着

直接肌に当たらない部分に刺しました。
出産祝いにぴったり。

［図案］ぞう・あひる・とり：32ページ

Tシャツ

無地のTシャツもワンポイントの刺しゅうでぐっとかわいくなります。えりだけでなく、そで口やすそに刺しても。

［図案］さくらんぼ：21ページ

エプロン

既製品のエプロンの胸元に図案を並べ替えて刺しゅうしました。

[図案] キッチン：57ページ
赤 [817] → 茶 [898]、黒 [310] → 白 [BLANC] に変更。
Kitchenの文字は [817] → [BLANC] に変更。
器の輪郭：バックステッチ → アウトラインステッチに変更。
上の器の模様：3本どり → 2本どりに変更。
ソルト容器の輪郭：ランニングステッチ → バックステッチに変更。
ソルト容器のSの上下の線：バックステッチ → チェーンステッチに変更。
おろし器のおろし部分の点：5番糸1本どり → 25番糸6本どりに変更。

コースター

モノトーンの図案をカラフルにアレンジし、
2枚の布を中表に合わせて、
まわりを縫うだけの簡単コースターに。

[図案]

さくらんぼ：93ページ
砂色の麻布に実は [666]、[718]、[803]、
葉っぱと茎は [700] に変更。

バラ：93ページ
砂色の麻布に花は [666]、[712]、[413]、
葉っぱと茎は [700] に変更。

ランチョンマット

既製品のランチョンマットいっぱいに、
図案を反転して刺して、ポップな食卓に。

[図案] きのこ：25ページ
既製品ランチョンマットに、左側は図案を反転して、
右側は写真のように選んで配置。
バリオンステッチのきのこは左より
[553]、[3755]、[726]、[309]、[3819]。

リネンテープで
ブックカバー

幅16cmのリネンテープは文庫本サイズにぴったりです。

[図案] 街並み：45ページ
図案を110％に拡大。

〈広げたところ〉
左側は7cmの折り返し分を縫いとめている。

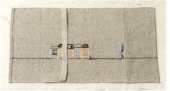

〈裏側〉
幅1cmのリネンテープをつけて、本の表紙を通す。

リネンテープで
ニードルブック

幅8cmのリネンテープとフェルトで作りましょう。

[図案] 羊：39ページ
数字は刺さずに、フレンチノットで刺し埋めて。

〈広げたところ〉
フェルト2枚を中央で縫い合わせ、リネンテープとフェルト1枚を縫い合わせる。

〈内側〉
フェルトの1枚は針刺しに。

ブローチ

お気に入りの図案をブローチなどのアクセサリーに。
市販のキットを使うと簡単に作れます。
厚紙とブローチピンを用意して、
オリジナルサイズのブローチにもチャレンジ。

[図案]

木：23ページ
図案に合わせたブローチにしました。

ベリー：21ページ
右下のベリーのフレンチノットフィリングで刺した実を、ビーズ（TOHO丸小ビーズ No.24、No.332、No.248）に変更。

鳥かご：65ページ
止まり木の［3031］→［433］に変更。

[図案]

王冠：69ページ
左上の王冠の図案のパールメタリックの金［301］→銀［300］、ウォッシャブルスパングル［3］→［1］、糸は［E3852］→［E168］、［C816］→［C550］、［422］→［3024］に変更。

りんご：9ページ
5列目左から2番目の図案の糸を［3821］→［304］、［3853］→［437］、［3031］→［3371］に変更し、［905］の葉をつけました。

りんご、ベリーはくるみボタンブローチセットのサークル・40、鳥かご、王冠はオーバル・55を使用しました。（クロバー株式会社）

刺しゅうの基本&ステッチ

刺しゅうの基本

❖ 糸について

一般的に多く使われるのは25番刺しゅう糸です。本書でも基本的にDMC25番刺しゅう糸を使用しています。他にも、グラデーション、ラメタイプのもの、つやのあるもの、毛糸のようなものなどがあります。用途やデザイン、刺す布に適した糸を選びましょう。刺しゅう糸は、上側に巻いてあるラベルにある数字が大きいほど細くなります。また、下側のラベルにある数字は色番号になります。

❶DMC25番：細い糸が6本より合わさった糸。色数も豊富で、刺す本数によっても変化がつきます。

❷DMC25番グラデーション糸：グラデーションになっている糸。束の中でグラデーションになっているので、刺すと表情豊かなステッチが楽しめます。

❸DMC25番ライトエフェクト糸：光の効果をもたらすラメタイプのハリのある糸。色番号の前にEがつきます。

❹DMC25番エトワール糸：上品なきらめきのある柔らかい糸。色番号の前にCがつきます。

❺DMC8番：コットンパールと呼ばれるつやのある糸。1本そのままで使います。太めのラインを刺すのに使います。

❻DMC5番：8番と同様、コットンパールと呼ばれるつやのある糸。1本そのままで使います。コーチングステッチ（119ページ）の置き糸やリボンのスパイダーウェブローズステッチ（122ページ）の芯糸に使ったり、粗目の布にザックリと刺すのに使います。

❼DMCタペストリーウール：ウール100％の糸。並太くらいの太さの毛糸で、カジュアルな雰囲気に仕上がります。ボリュームがあるので、大きな面を埋めるときにおすすめです。

❽アップルトン ウール刺しゅう糸：中細タイプのウール100％の刺しゅう糸です。

❾MOKUBA エンブロイダリーリボン：刺しゅう用のリボンです。幅3.5mm、7mmなど数種類あり、素材や色もいろいろあります。

❖ 布について

刺しゅうは、針が刺さればどんな布にも刺すことができます。素材も麻や木綿、厚さも薄手から厚手、布目も細かいものや粗いものなどさまざまです。用途やデザインに合わせて、適した布を選びましょう。

この本で使用した布（実物大）

この本では、刺しゅうに適した中厚の麻布、クロスステッチが刺しやすいカウントのできる平織の麻布、クロスステッチ用のカウントのしやすい綿布を使用しました。

中厚麻布（オフホワイト）

中厚麻布（クリーム）

中厚麻布（砂色）

平織の麻布（オフホワイト）/28カウント（110目）

平織の麻布（砂色）/28カウント（110目）

クロスステッチ用綿布（オフホワイト）/14カウント（55目）

*14カウント（55目）の布は、10cm四方に縦横に55目あるということです。

❖ 針について

フランス刺しゅう針は3番から10番まであり、番数が多くなるほど、細く、短くなっていきます。布地や糸の太さに合わせて使いやすい針を選びましょう。

ウィップドランニングステッチ（110ページ）、フィールステッチ（111ページ）、ウィップドチェーンステッチ（113ページ）のように、先に刺したステッチの糸だけをすくう場合は、別の針先の丸い針を使うことで、先に刺したステッチの糸を割らずに、きれいにすくうことができます。

リボン刺しゅう針は、シェニール針とも呼び、太めの糸を通すことができます。また粗い布目の麻布に刺すときにも使います。毛糸のようなタペストリーウールにも最適です。

❖ 刺しゅう枠について

布をピンと張って刺すために使います。枠を持ったとき、自分の指が枠の真ん中に届くくらいの大きさが使いやすいです。10~12cmのものがおすすめです。

刺しゅう枠の内枠の上に図案が真ん中にくるように布を置き、外枠をかぶせてネジを軽くしめます。布のゆがみを整えて、ピンとなるように張り、しっかりネジをしめます。

❖ 布の準備

刺す布が決まったら、霧吹きで湿らせて、しわのないようにアイロンをかけます。刺しゅうをしているうちに布がほつれないように、まわりをしつけ糸で粗くかがっておきます。

❖ 図案の写し方

図案を布に写すときには、トレーシングペーパーとチャコペーパー、セロファンを使います。チャコペーパーは水で消せるものを使いましょう。

写したい実物大の図案を、トレーシングペーパーに鉛筆（2Hくらい）などで写し、布、チャコペーパー、トレーシングペーパー、セロファンの順に重ね、その上からトレーサーなどで図案の線をなぞって布に図案を写します。

クロスステッチは布の織り目を数えて刺すので図案は写しません。

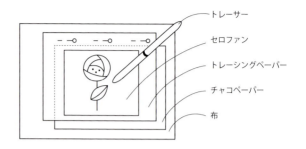

❖ 糸の扱い方

かせ（輪）になっている刺しゅう糸は、少し出ている糸端を引き出し、50〜60cmにカットしてから使います。長すぎると、刺しているうちに毛羽だったり、ねじれたりして刺しにくく、仕上がりが美しくなりません。色番号が明記してあるラベルは、捨てないで糸につけておくと、足りなくなって買い足すときに役立ちます。

25番刺しゅう糸は、細い糸が6本より合わさっています。「○本どり」という表記は、この細い糸を何本引きそろえて使うかを表しています。

カットした6本のよりを軽くほどいて、糸を1本ずつ引き抜き、引きそろえたときにからまないように、よりをしっかりと戻してから必要な本数（2本どりなら2本）をたるみのないようにそろえます。 6本どりで使う場合も、必ず1本ずつそろえ直すことで糸がそろってきれいに刺すことができます。

❖ 始めと終わりの糸の始末

基本的には玉結びを作りません。糸端を縫い目に通してきれいな仕上がりにします。洗濯を頻繁にするようなものは、裏で縫い目にひと結びして、残した糸端を裏の縫い目にくぐらせて始末をしましょう。

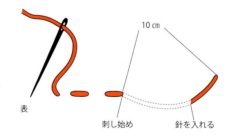

刺し始め

抜けにくいように少し離れたところから針を入れます。糸端を10cmくらい残して刺し始めます。

刺し終わり

糸端を刺しゅうの裏に渡っている糸にからませて始末します。刺し始めに残しておいた10cmの糸を裏に出し、刺し終わりと同様に裏の糸にからませます。
ランニングステッチのように抜けやすい場合は、裏糸に1度結んでからからませます。

❖ 面を刺すときの糸の始末

刺し始め
図案の裏から針を入れ、糸端を少し長めに残しておき、図案の中で2〜3針縫って刺し始めの位置に針を出します。2〜3針縫った部分がかくれるあたりまで刺したら図案からはみ出さない位置で刺し始めの糸をカットします。

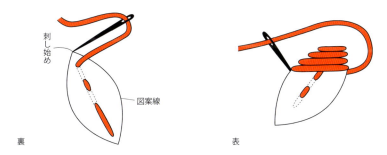

刺し終わり
刺し終わりの糸は裏に渡った糸の間に針を入れ、刺した部分の真ん中より上に針を出し、出した糸の1本上から針を入れ、裏に渡った糸の間を通して針を抜き、下から出した糸をカットします。

❖ 仕上げ

刺し終わったら図案線を消し、アイロンをかけて仕上げます。図案線を消す前にアイロンをかけてしまうと消えなくなるので、霧吹きで水をかけたり、水をつけた綿棒を使って、必ず消しておきましょう。
アイロン台の上にバスタオル（やや厚手のもの）を折りたたんでのせ、きれいな白い布を重ね、刺しゅうした面を下にして置き、霧吹きで全体を湿らせます。アイロンの温度は布の種類に合わせ、布の中央から外側に向かって、布を落ち着かせるようにかけます。刺しゅうした表側からアイロンをかけたり、押さえつけると刺しゅう部分がつぶれたり、しわができたりするので気をつけましょう。
アイロンをきれいにかけることで、作品の美しさが変わります。

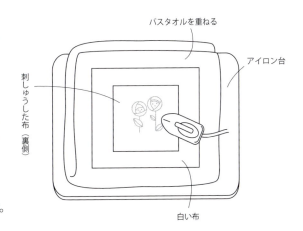

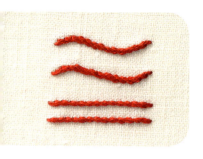

outline stitch
アウトラインステッチ

もっとも基本となるステッチで、図案の輪郭線によく使います。
直線も円もきれいなラインを表現することができます。

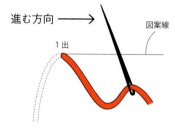

1 裏から1に針を出す。

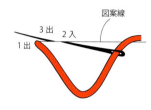

2 2に針を入れ、1と2の半分の位置の3から針を出す。これで1目となる。

3 4に針を入れ、1針目の半分戻った5（2と同じ針穴）から針を出す。これをくり返す。

〈裏側〉

4 針目の半分が重なるようになる。裏は、バックステッチのような見た目になる。糸端の始末は、裏のそれぞれ2～3針目までからませる。

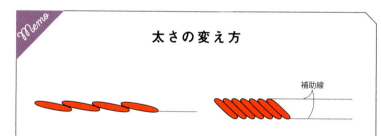

太さの変え方

重なりを少なくすると細く、角度をつけて重なりを大きくすると太くなる。刺したい幅に、補助線を引いておくと刺しやすい。

円のつなぎ方

円になるようにつなぐときは、刺し終わりは刺し始めの針目の半分の位置に針を入れてつなぐ。針目を小さくすると丸く整えやすい。

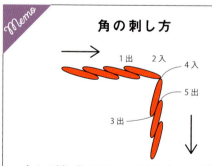

角の刺し方

角まで刺し進めたら、向きを変えて1針分先の3から針を出し角の4に戻る。 1針目の半分の位置の5に出す。布を持ち替え、基本手順の**2**～**3**をくり返す。

outline filling stitch
アウトラインフィリングステッチ

アウトラインステッチを反時計回りに刺して中を埋めます。
連続して刺し埋める方法と1周ずつ刺し埋める方法があります。

連続して刺し埋める方法

外側から輪郭に沿って反時計回りにつなげて刺す。うず巻きは細かく何重にも巻くときれいになる。

1周ずつ刺し埋める方法

外側の輪郭を刺し、その輪郭に沿って反時計回りに1周ずつ刺す。角をしっかり作るときれいになる。

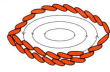

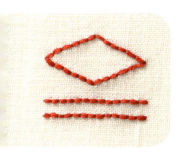

back stitch
バックステッチ

同じ針目がすき間なく続く、返し縫いと同じ要領で刺すステッチ。
輪郭をきれいに出せるので、文字や細かい線などを刺すときに使います。
針目の幅を細かく刺すときれいになります。

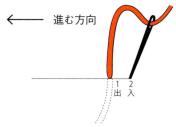

← 進む方向

1 刺し始めたい位置より、1針目分先に裏から針を出す。刺し始めたい位置の2に針を入れる。

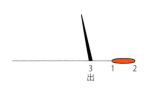

2 1針目と同じ幅だけ先の3に針を出す。

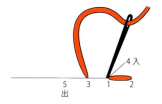

3 4は1と同じ針穴に入れ、1針目分先の5に出して3に戻る。これをくり返す。

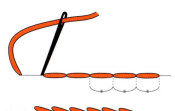

〈裏側〉

4 針目が同じ幅になるようにくり返して刺す。裏はアウトラインステッチのようになる。

 角の刺し方

図の番号の通りに、角の部分は1針目分先に針を出さず、角に針を出して向きをかえ、1針目分先に針を入れる。1針目分先に裏から針を出し、通常と同様にくり返して刺す。裏は、角の部分が1針目分あく。

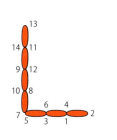

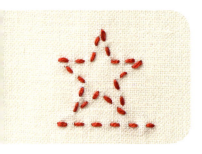

running stitch

ランニングステッチ

布に直角に、表、裏、表、裏と1針ずつ等間隔で刺していく、点線になるステッチ。

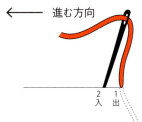
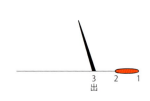
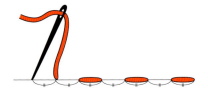

1 裏から1に針を出し、2に針を入れ、右から左へ刺し進める。

2 1針目と同じ間隔で、3に出す。

3 糸を引きすぎないようにし、同じ間隔の針目でくり返す。

Memo 角のある図案の場合

角にステッチの端がくるように、針目の間隔がそろうように考えて刺す。

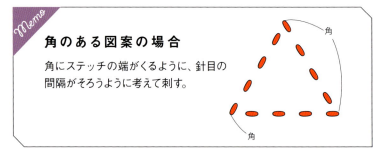

whipped running stitch

ウィップドランニングステッチ

ランニングステッチを刺してから、表側に出ている糸を別の糸でゆるめに巻きつけるステッチ。

※ここではわかりやすくするため、糸の色を使いわけています。

巻きつけるステッチを刺すときは、先の丸い針を使うか、針を逆さに(針穴側から)して、糸の下側を通して糸を割らないように巻きつける。巻きつける糸は、刺し始めと刺し終わりだけが裏に出る。糸端は、それぞれ裏で始末をする。

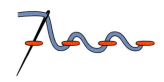

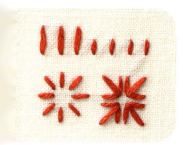

straight stitch

ストレートステッチ

1針でできるステッチで、シングルステッチとも呼ばれます。
針目の長さで変化をつけます。まっすぐになるように刺すときれいに仕上がります。

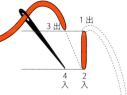

1 裏から1に針を出し、2に入れる。これをくり返す。

2 糸端は糸が抜けやすいので1度結んでから2～3針目通す。

〈裏側〉

Memo 刺し方の応用

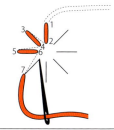

中心を決めて、放射状に刺す。

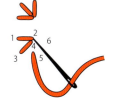

3針の根元(2、4、6)は同じ針穴に入れてまとめる。

wheel stitch

フィールステッチ

ストレートステッチで土台を作り、その糸にくぐらせて、くもの巣のようになるステッチ。

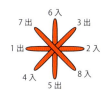

1 放射状になるように、1～8の順にストレートステッチを刺す。

2 8と2の根元の間から針を出し、8と2の糸だけをすくって糸を引く。8の糸に1回糸が巻きつく。次は2と3の糸だけをすくって糸を引くと2の糸に糸が1回巻きつく。

3 反時計回りに1本ずつすくう糸をずらしながら、2本ずつ糸だけをすくって糸を引き、糸を巻きつける。ストレートステッチが見えなくなるまで、これをくり返す。刺し始めと刺し終わりの糸端は、裏の糸にからませて始末する。

chain stitch

チェーンステッチ

鎖のように見えるステッチ。
太い幅の線を作ることができます。

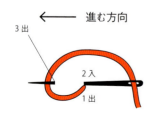

[1] 裏から1に針を出し、同じ針穴の2に針を入れ、3から出す。そのときに糸をかけて針を抜く。

[2] 糸は進行方向に引くが、強く引かずに、少しゆとりをもたせる。

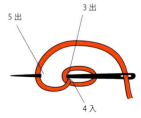

[3] 糸を出した同じ針穴に針を入れ、1針目分先に針を出し、糸をかけて針を抜く。これをくり返す。

[4] 最後は、チェーンのきわに針を入れてとめる。

[5] ほどよくゆとりをもたせて、形を整える。裏側はバックステッチのような形になる。

Memo 糸の足し方

[1] 短くなった糸を同じ針穴に入れて通す。糸はたるませておく。

[2] 別の針に新しい糸を通して、1つ分先から出し、短くなった糸を裏から引いて輪にする。

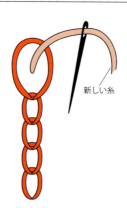

[3] 新しい糸を出したところと同じ針穴に入れ、続けて刺していく。短くなった糸は裏で針目にからませる。

ステッチのつなぎ方

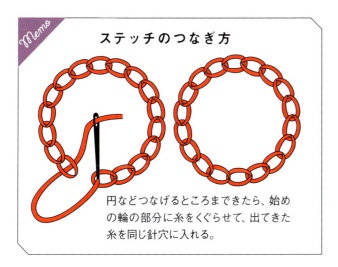

円などつなげるところまできたら、始めの輪の部分に糸をくぐらせて、出てきた糸を同じ針穴に入れる。

角の刺し方

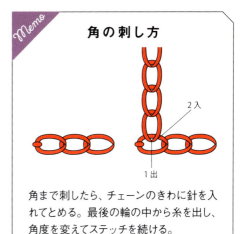

角まで刺したら、チェーンのきわに針を入れてとめる。最後の輪の中から糸を出し、角度を変えてステッチを続ける。

chain filling stitch チェーンフィリングステッチ

チェーンステッチで埋めるステッチ。
輪郭を刺してから、外側から刺し埋めていきます。

連続して刺し埋める方法

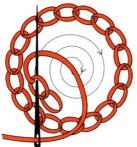

外側の輪郭を刺し、輪郭に沿って時計回りに内側に向かってうず巻き状につなげて刺す。

1周ずつ刺し埋める方法

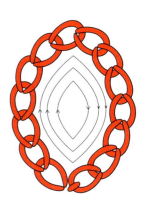

外側の輪郭を刺し、その輪郭に沿って時計回りに1周ずつ刺す。

whipped chain stitch ウィップドチェーンステッチ

チェーンステッチの糸に、別糸をゆるめに巻きつけるステッチ。
※ここではわかりやすくするため、糸の色を使いわけています。

チェーンステッチを刺してから、別糸を1針目の半分くらいのところから出し、チェーンの輪の糸だけを上から下にすくって巻きつける。

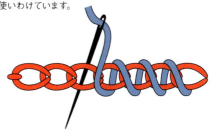

blanket stitch

ブランケットステッチ

ボタン穴がほつれてこないようにかがる方法を刺しゅうに応用したステッチ。
オープンボタンホールステッチとも呼びます。
針に糸をかけながら刺します。

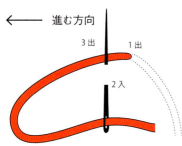

1 裏から1に針を出し、2に針を入れ、3に出す。針先に糸をかけて針を抜く。

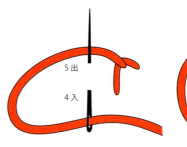

2 4に針を入れ、5に出す。針先に糸をかけて針を抜く。

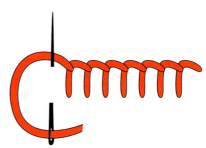

3 2をくり返す。

糸の足し方

1 次に刺す位置に針を入れ、糸はたるませておく。

2 針に新しい糸を通し、針の出る位置から新しい糸を出す。

3 短くなった糸を引き、形を整えたら、新しい糸で刺し続ける。糸端は裏の針目にからませて始末する。

円に刺す方法

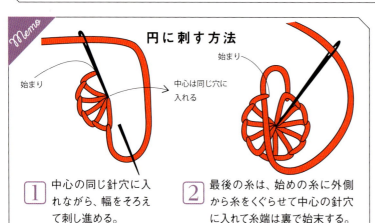

1 中心の同じ針穴に入れながら、幅をそろえて刺し進める。

2 最後の糸は、始めの糸に外側から糸をくぐらせて中心の針穴に入れて糸端は裏で始末する。

角の刺し方

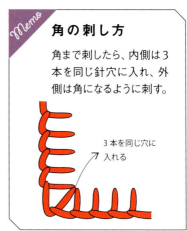

角まで刺したら、内側は3本を同じ針穴に入れ、外側は角になるように刺す。

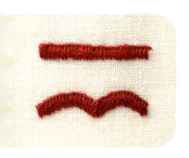

buttonhole stitch
ボタンホールステッチ

ブランケットステッチよりも針目の間隔を詰めて、細かく刺したステッチ。
クローズドボタンホールステッチとも呼びます。
ほつれ止めとして、布の縁をかがるときに使います。

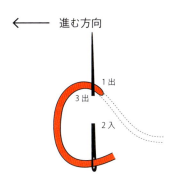

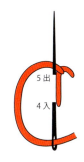

① 裏から針を1に出し、2に入れて1のすぐ隣の3から出し、針先に糸をかけて針を抜く。

② すぐ隣の4に針を入れて、5から出し、針先に糸をかけて針を抜く。

③ 布をすくって、糸をかけることをくり返す。最後は、かけた糸のきわに針を入れてとめる。

Memo 糸の始末

① 残しておいた始まりの糸は、針に通して裏側の糸の2〜3本先に針を出し、1本の糸にからませて、3〜4本先に針を出してカットする。

② 終わりの糸も同様に始末をし、針を出したところでカットする。

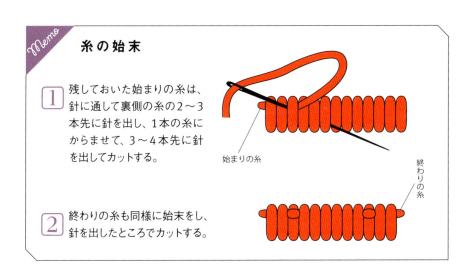

french knot stitch

フレンチノットステッチ

針に糸を巻きつけて小さな結び目（ノット）を作るステッチ。
巻きつける回数や糸の太さで結び目の大きさが変わります。

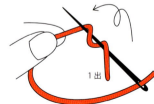
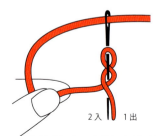

1 ※2回巻きの場合
裏から1に針を出し、左手で糸を持ち、針の手前から針先に向かって糸を2回巻きつける。

2 糸がずれないように左手で持ちながら、1で出したすぐ横に針を垂直に入れる。

3 半分くらい入れたら、糸を根元まで引いたまま、針をまっすぐ下に引き抜く。フレンチノットステッチの裏で布をすくって糸始末をする。

french knot filling stitch

フレンチノット
フィリングステッチ

フレンチノットで中を埋めていくステッチ。立体感のある仕上がりになります。

1 輪郭をフレンチノットステッチで刺し、中をフレンチノットステッチで輪郭に沿って埋めていく。

german knot stitch

ジャーマンノットステッチ

フレンチノットステッチよりも大きめで、三角の形になるステッチ。
花のつぼみや、動物の鼻などに使います。

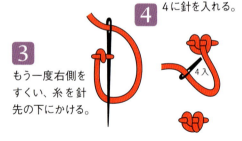

1 裏から1に針を出し、2に入れ、3から針を出す。

2 1〜2に渡した糸だけをすくい、3の左側に出す。

3 もう一度右側をすくい、糸を針先の下にかける。

4 4に針を入れる。

lazy daisy stitch
レイジーデイジーステッチ

チェーンステッチを1つだけ刺したステッチ。
糸の引き加減で丸くふっくらとしたり、細くスマートにしたりすることができます。
小さな花びらや葉などに使われます。

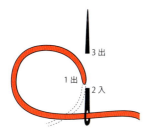

1 裏から1に針を出し、同じ針穴2に入れる。針は刺したままで、布をすくって3に出す。

2 3に針を出したら、糸をかける。

3 針を抜いて（糸を強めに引くと、細長い形になる）、きわに針を入れてとめる。裏で糸始末をする。

double lazy daisy stitch
ダブルレイジーデイジーステッチ

1つのレイジーデイジーステッチの中に、もう1つレイジーデイジーステッチを刺したステッチ。同色または色を変えて刺すこともあります。
※ここではわかりやすくするため、糸の色を使いわけています。

1 レイジーデイジーステッチを刺し、続けて内側に沿うように針を入れる。

2 針を抜いて、レイジーデイジーステッチのきわに針を入れてとめる。

3 形をととのえる。

bullion stitch

バリオンステッチ

針に糸を巻きつけて作るステッチ。
長めで細い針を使うと刺しやすいです。バリオンステッチ専用の針もあります。

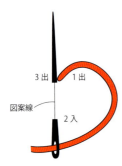

1 裏から1に針を出し、図案線の長さ分戻って2に入れ、1のすぐ横の3に針を出す。

2 針先を長めに出し、糸を巻きつける。左手の人さし指の腹で針先を軽く支えると糸が抜けにくくなる。

3 巻きつける糸（△）は、図案の長さ（○）よりも少し長めにする。

4 巻いた糸がずれないように左手の親指でしっかりと押さえたまま、糸を引き抜く。

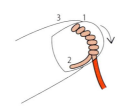

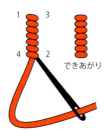

5 親指で軽く押さえたまま引き抜いた糸を下方向に回転させて2までもってくる。

6 形を整えて、2と同じ針穴に針を入れる。

Memo 刺し始め

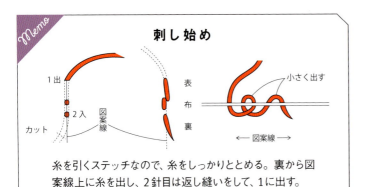

糸を引くステッチなので、糸をしっかりととめる。裏から図案線上に糸を出し、2針目は返し縫いをして、1に出す。

Memo 刺し終わり

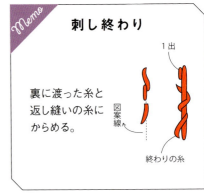

裏に渡った糸と返し縫いの糸にからめる。

couching stitch
コーチングステッチ

太い糸や凹凸のある糸でもラインを表現できるステッチ。
糸を図案に合わせて置いて（置き糸）、別糸（とめ糸）で等間隔にとめていきます。
留め糸の間隔を小さくするとカーブなどもきれいになります。
※ここではわかりやすくするため、糸の色を使いわけています。

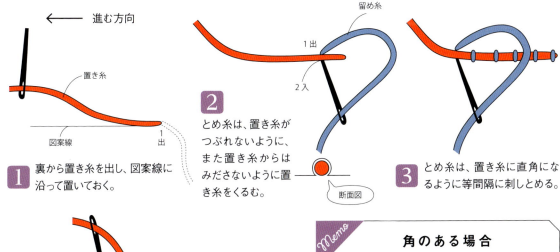

1. 裏から置き糸を出し、図案線に沿って置いておく。

2. とめ糸は、置き糸がつぶれないように、また置き糸からはみださないように置き糸をくるむ。

3. とめ糸は、置き糸に直角になるように等間隔に刺しとめる。

4. 図案線の終わりになったら、置き糸を裏に刺し入れる。置き糸を入れた少し手前でとめ糸を刺して裏に出す。置き糸がつれたり、ゆるんだりしないように裏に出した糸で調節する。裏のとめ糸は斜めに渡っていく。糸端はとめ糸の中を通して始末する。

Memo 角のある場合
角のある図案の場合は、角の先端に1針とめ糸を刺すと、きれいになる。

Memo バリオンローズステッチの刺し方
バリオンステッチをバラの花のように刺すステッチ。
花束などに使います。
色をグラデーションにすると花らしくなります。

1. バリオンステッチを2つ刺す。

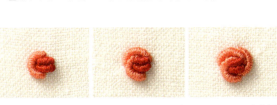

2. 3回に分けてまわりを覆うようにバリオンステッチを刺す（糸を巻く回数は、1より少し多くする）。

3. そのまわりを5〜8回にわけて取り巻くようにバリオンステッチを刺す。

fly stitch

フライステッチ

Y字やV字の形に刺すステッチ。
小さな虫が飛んでいるように見えることから名前づけられました。
幅を広げたり、縦糸の長短を変えたりと応用できます。

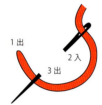

1. 裏から1に針を出し、糸を引きすぎないようにしながら、2に入れて、3に針を出し、針に糸をかける。

2. 針を抜いて糸を引き、糸はたるませたまま、4に針を入れる。

3. 4に入れる針目の長さを変えてY字やV字にする。

feather stitch

フェザーステッチ

針目の幅や長さ、どの方向に刺すかで動きの出るステッチ。
針目の間隔を広くするとV字が深くなり、狭くすると浅くなり、変化をつけられます。

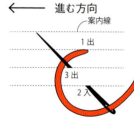

1. 案内線を描き、裏から1に針を出し、2に入れて、3から針を出し、糸をかけて針を抜く。

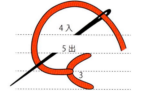

2. 4に針を入れて5から出し、糸をかけて針を抜く。

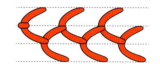

3. 左右交互にくり返す。刺し終わりは、きわに針を入れてとめる。

Memo 糸の足し方

1. 短くなった糸を次の針穴に入れて通す。糸はたるませておく。

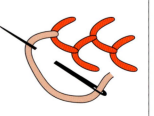

2. 新しい糸を表に出してから、短くなった糸を引いて形を整える。短くなった糸は裏の針目にからませる。

herringbone stitch

ヘリングボーンステッチ

等間隔に刺し進めるステッチ。
上下に図案線を写し、さらに案内線を描いておくと等間隔に刺すことができます。

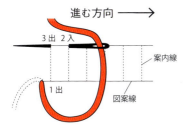

1. 裏から1に針を出し、2に入れ、3から針を出す。
2. 番号順に上、下と交互に刺していく。
3. 等間隔になるように刺す。

4. 糸端は、裏の針目にからませて始末する。

Memo 糸の足し方

1. 短くなった糸は、裏に残しておく。
2. 新しい糸を表に出して刺し進める。短くなった糸を裏の針目にからませて始末する。

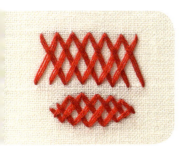

closed herringbone stitch

クローズドヘリングボーンステッチ

ヘリングボーンステッチを間隔を開けずに、詰めて刺すステッチ。

1. ヘリングボーンステッチと同様に番号順に刺し進める。2と7、4と9、6と10は同じ穴に入れる。

Memo 幅を変えて刺す方法

針目の長さを変えて図案の形になるように刺す。

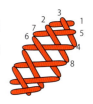

satin stitch

サテンステッチ

図案に沿ってストレートステッチを平行に並べて刺し埋めて面を作るステッチ。図案の端から端まで糸が渡るので小さめの図案はきれいに仕上がります。

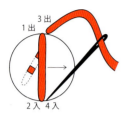

1 図案の中を2～3針縫って裏から中央に針を出して刺し始める。片側を刺し進める。

2 片側を刺し終えたら、刺した部分の裏の針目の中を通って戻り、残り半分を刺し進める。

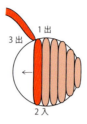

3 端まで刺して図案を埋めたら、糸端は裏の針目に通して始末する。

Memo 芯入りサテンステッチの刺し方　サテンステッチをもっとふっくらとボリュームを出す刺し方です。

1 図案の内側に、サテンステッチを刺す方向と垂直になるようにランニングステッチを刺し、芯にする。

2 図案の中央から、サテンステッチと同様に片側を刺す。

3 同様に残り半分も刺す。

spider web rose stitch

スパイダーウェブローズステッチ

スパイダーウェブローズステッチは、円上に刺した奇数本の芯糸に、糸やリボンを交互にくぐらせて作るバラの刺し方です。

刺しゅう用リボンを使って刺す方法

5番刺しゅう糸、幅3.5mmの刺しゅう用リボン、リボン刺しゅう用の針を用意します。芯糸は5番刺しゅう糸1本で刺し、幅3.5mmの刺しゅう用リボン1本をくぐらせます。

1 長さ30～40cmの刺しゅう用リボンの先を斜めにカットしてリボン刺しゅう用の針の針穴に通し、リボンの先から1～2cm下の中央に針を刺して長い方のリボンを引いて針にリボンを固定する。

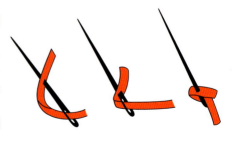

long and short stitch
ロング＆ショートステッチ

針足の長短をくり返し刺して面を埋めるステッチ。
規則的にならない方がきれいに仕上がります。
糸色をグラデーションにして、花びらなどに使います。

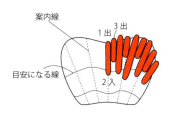
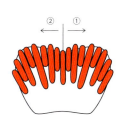
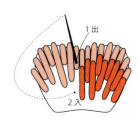

1 案内線と目安になる線を描き、中央から片側を刺す。

2 片側を刺し終えたら、刺した部分の裏の針目の中を通って戻り、ほぼ中央に針を出し、残りの片側②を刺す。

3 1段目の中央から糸を割って針を出し2段目の片側を刺す。2と同様に裏を通って残りを刺す。

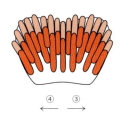
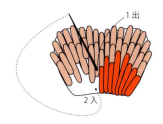

4 自然になじむように規則的に並ばないように③、④の順で刺す。

5 2段目中央から糸を割って針を出し、3段目を同様に刺す。

1段目と2段目の糸の色を変えるとグラデーションになる。

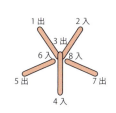

2 反対側のリボンの先から1〜2cm下の中央に針を刺し、リボンを引いてできた輪の中に針を通して玉結びを作る。
＊強く引きすぎると玉結びが小さくなるので注意する。

3 芯糸は5番刺しゅう糸1本で、番号順に星形に刺す。刺し始めは玉結び、刺し終わりは玉止めをする。

4 芯糸の中央近くからリボンを通した針を出し、反時計回りに交互に芯糸だけをすくってリボンを巻きつける。

5 芯糸がかくれるまで巻きつけ、針を裏に出し、裏の芯糸にリボンをからませて始末する。

クロスステッチ
cross stitch

×の形に糸を渡したステッチで、カウントステッチと呼ばれる刺しゅうの一種です。クロスステッチは、上になる糸の方向を揃えて刺します。この本では「＼」が上になるように刺しています。どちらが上でも構いませんが、1つの作品の中では、すべて同じ方向で刺すようにし、糸は強く引かず、ふっくらとそろえて刺しましょう。また、ステッチが2cm以上離れているときは1度糸を始末しましょう。

横に1つずつ刺す

番号順に刺し、左方向に横に1つずつ刺し進める。

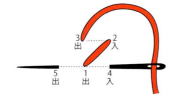
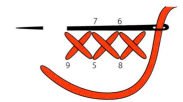

縦に1つずつ刺す

番号順に刺し、上方向に縦に1つずつ刺し進める。

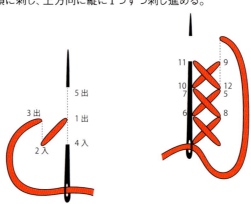

横に往復して刺す

横に刺したら往復し、1列ごとに刺し進める

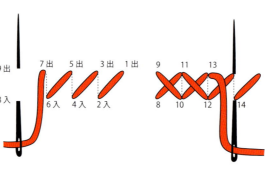
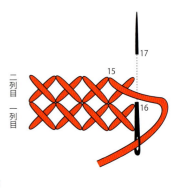

縦に往復して刺す
縦に刺したら往復し、一列ごとに刺し進める。

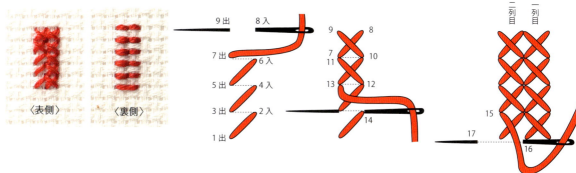

斜め左下に1つずつ刺す
番号順に刺し、斜め左下に1つずつ刺し進める。

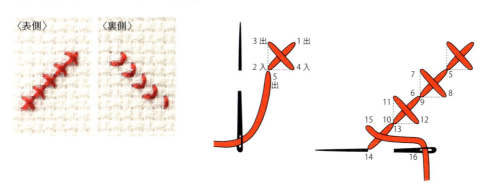

斜め右上に1つずつ刺す
番号順に刺し、斜め右上に1つずつ刺し進める。

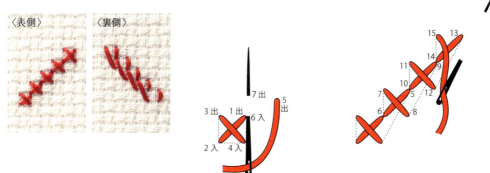

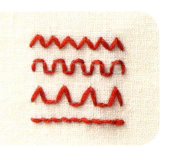

holbein stitch
ホルベインステッチ

ランニングステッチを往復して表と裏が同じようになるステッチ。
表からはバックステッチのような見た目になります。
クロスステッチの縁や補助線としてもよく使われます。

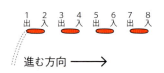

1 ランニングステッチを刺す。

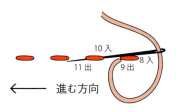

2 先に刺したランニングステッチの下側から針を出し、次のステッチの上側に針を入れる。同じ穴に出し入れする。

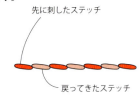

3 針足をいつも同じ方向になるように刺すときれいに仕上がる。糸端はそれぞれ裏の針目にからませて始末する。

Memo

刺し方のバリエーション

ジグザグに刺す

先に「／」の向きに刺し、次に「＼」の向きに刺す。

凹凸に刺す

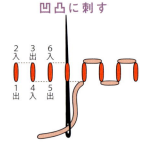

先に縦を刺し、次に横を刺す。

ジグザグと直線の組み合わせ

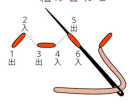

図案に合わせて往復する。

布の織り糸を数えて刺す場合

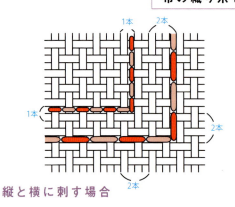

縦と横に刺す場合

上は織り糸1本ずつを1目とした場合、下は織り糸2本ずつを1目とした場合

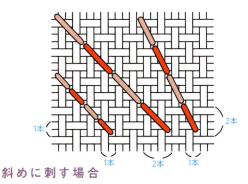

斜めに刺す場合

左から織り糸1本ずつを1目とした場合、織り糸2本ずつを1目とした場合、織り糸を横1本、縦2本を1目に刺す場合

ビーズ、スパングルのとめ方 *beads&spangles*

ビーズやスパングルを刺しゅうに加えると、かわいらしく、華やかになります。
針はビーズの穴に通る太さの刺しゅう針（または専用針）を使い、25番刺しゅう糸2本どり（またはミシン糸1本どり）を使います。縫い始めは玉結びをし、縫い終わりは玉止めをします。

ビーズ・1粒刺し

ビーズを1粒ずつとめる方法で、ビーズとビーズの間に隙間ができます。
刺し始めの位置に裏から針を出し、ビーズを通してビーズの幅分先に針を入れます。

丸ビーズの場合　　　　　　　　　　　竹ビーズの場合

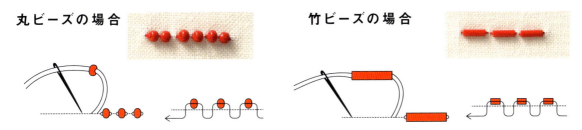

ビーズ・返し刺し

ビーズを1粒ずつとめながら、ビーズをぴったりと連続して刺すことができます。
刺し始めの位置から、ビーズ1粒分先に裏から針を出し、ビーズを通して刺し始めの位置に針を入れます。ビーズ1粒分先に裏から針を出し、ビーズを通して前のビーズのきわに針を入れます。これをくり返します。

丸ビーズの場合

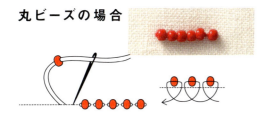

竹ビーズの場合

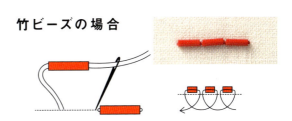

スパングルをビーズでとめる方法

スパングルの中央の穴より大きなビーズを用意します。裏から針をスパングルの中央に出し、ビーズを通して中央の穴に戻って裏に出し、ビーズの位置を確認してから玉止めをします。1つずつとめます。

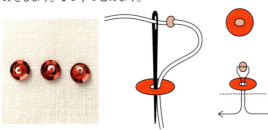

スパングルを片側だけ糸でとめる方法

裏から針をスパングルの中央に出し、スパングルの右際に入れて裏に出します。連続する場合はこれをくり返します。

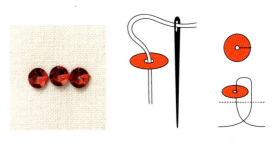

監修

日本アートクラフト協会(Japan Art Craft Association)
東京に本部を置き、さまざまな手芸の講座を開講している少人数制の学校。70年以上にわたり研究された独自のカリキュラムにより、「基礎と感性を大切に」をモットーに、学ぶ楽しさ、手づくりの温かみを伝えている。特に「欧風刺しゅう」の分野では、「自由刺しゅう」「白糸刺繍」「区限刺繍」「スタンプワーク」「イタリア伝統刺繍」など、さまざまな刺しゅう技法を指導する数少ない刺しゅう学校。監修書に『いちばんよくわかる刺しゅうのきほん』(池田書店刊)がある。

東京上野校、新宿校、大阪校(心斎橋)
〒110-0015　東京都台東区東上野1-13-1アーバントップ1階〜4階
TEL：03-3835-1423
http://jaca-escargot.co.jp

西村眞理(にしむら・まり)
おんどり手芸アカデミーにて板垣文恵氏に師事し、講師資格を取得する。
その後、日本アートクラフト協会において後進の指導にあたりながら、「欧風刺しゅう」の研究をしている。日本アートクラフト協会理事、講師。監修書に『いちばんよくわかる 刺しゅうのきほん』(池田書店刊)がある。

STAFF

刺しゅう図案デザイン・制作　浅野信子、浅野美樹、石崎祥江、大西みちこ、金森あや子、川端和詠、北山英子、鯉渕直子、郷野裕子、駒澤美加、佐藤恵子、杉原恵子、谷口公英、山崎知子

刺しゅう図案デザイン　くまだまり
撮影　中辻 渉　竹内浩務(P.1〜2、P.94〜104)
スタイリング　露木 藍
ブックデザイン　釜内由紀江、五十嵐奈央子(GRiD)
図版作成　日本アートクラフト協会、ウエイド
校正　石島隆子
編集協力　相馬素子

材料提供
ディー・エム・シー株式会社(DMC)
〒101-0035　東京都千代田区神田紺屋町13　山東ビル7F
TEL：03-5296-7831
http://www.dmc.com

クロバー株式会社
〒537-0025　大阪府大阪市東成区中道 3-15-5
TEL：06-6978-2277(お客さま係)
http://www.clover.co.jp

株式会社亀島商店
〒542-0081　大阪府大阪市中央区南船場 3-12-9
心斎橋プラザビル東館 3 階
TEL：06-6245-2000
http://www.kameshima.co.jp

株式会社越前屋
〒104-0031　東京都中央区京橋 1-1-6
TEL：03-3281-4911
http://www.echizen-ya.net

トーホー株式会社
〒733-0003　広島県広島市西区三篠町 2 丁目 19-19
TEL：082-237-5151
http://www.toho-beads.co.jp

撮影協力　AWABEES
　　　　　TEL：03-5786-1600

　　　　　UTUWA
　　　　　TEL：03-6447-0070

**1つのモチーフから楽しみが広がる
刺しゅうの本**

監 修 者　日本アートクラフト協会、西村眞理
発 行 者　池田士文
印 刷 所　図書印刷株式会社
製 本 所　図書印刷株式会社
発 行 所　株式会社池田書店
　　　　　〒162-0851　東京都新宿区弁天町43番地
　　　　　電話03-3267-6821(代)／振替00120-9-60072

落丁・乱丁はおとりかえいたします。
©K.K.Ikeda Shoten 2019, Printed in Japan
ISBN978-4-262-15518-0

本書のコピー、スキャン、デジタル化等の無断複製は著作権法上での例外を除き禁じられています。本書を代行業者等の第三者に依頼してスキャンやデジタル化することは、たとえ個人や家庭内での利用でも著作権法違反です。

19000007